How to Draw Cute Monsters

Learn How to Draw Monsters for Kids with Step by Step Guide

ISBN-13: 978-1978033368
ISBN-10: 1978033362

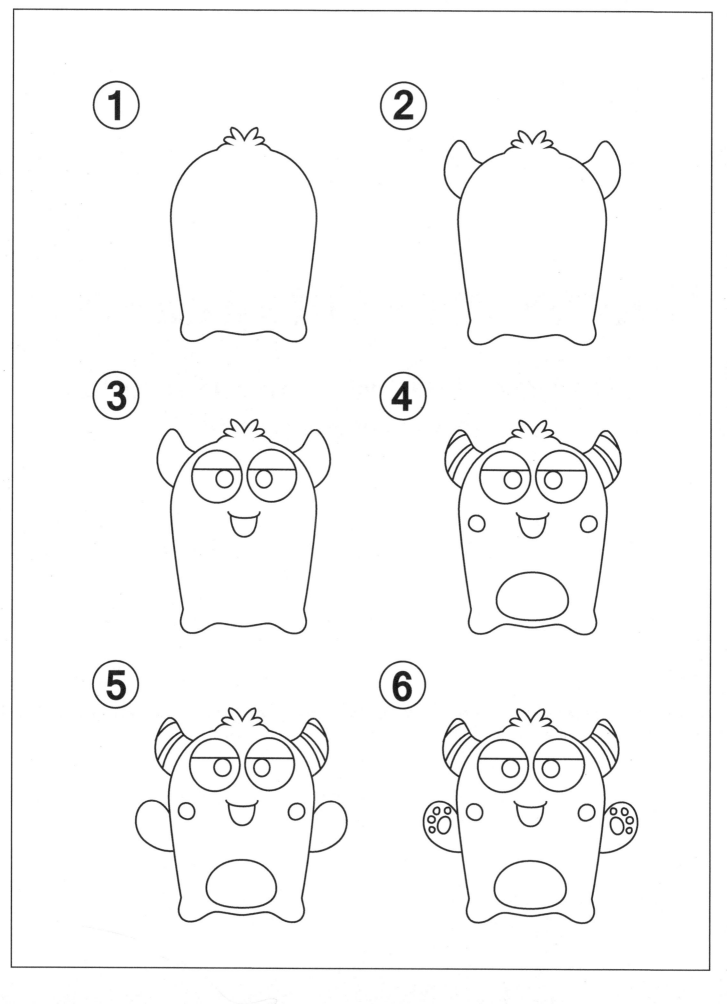

Now, it's your turn

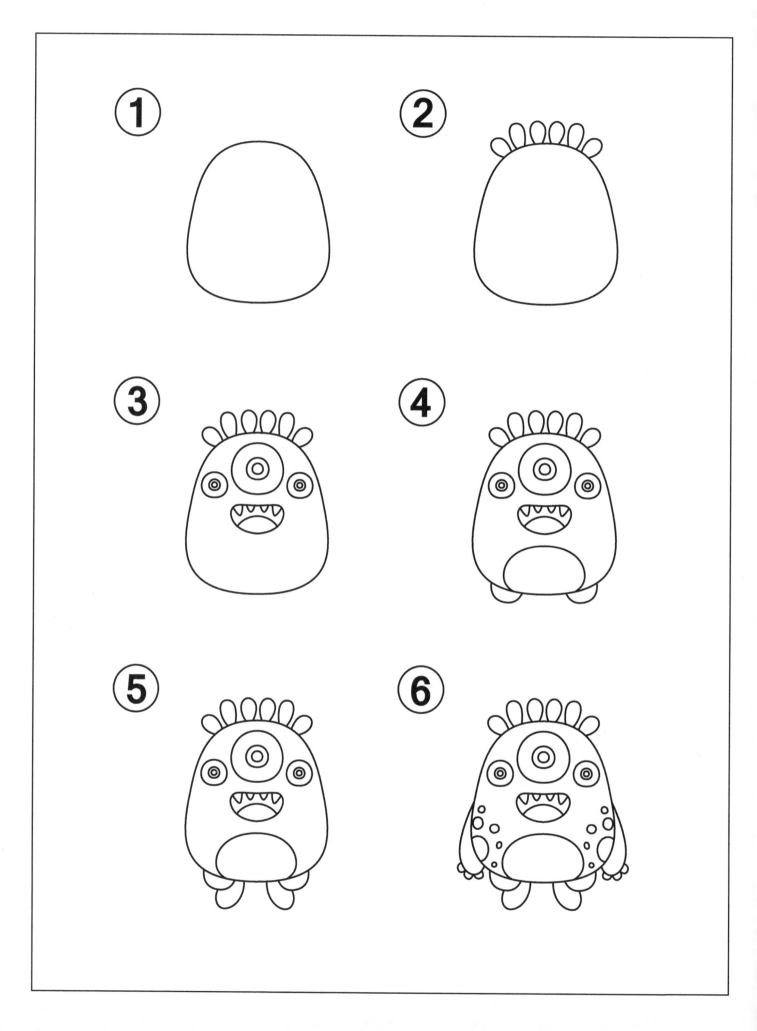

Now, it's your turn

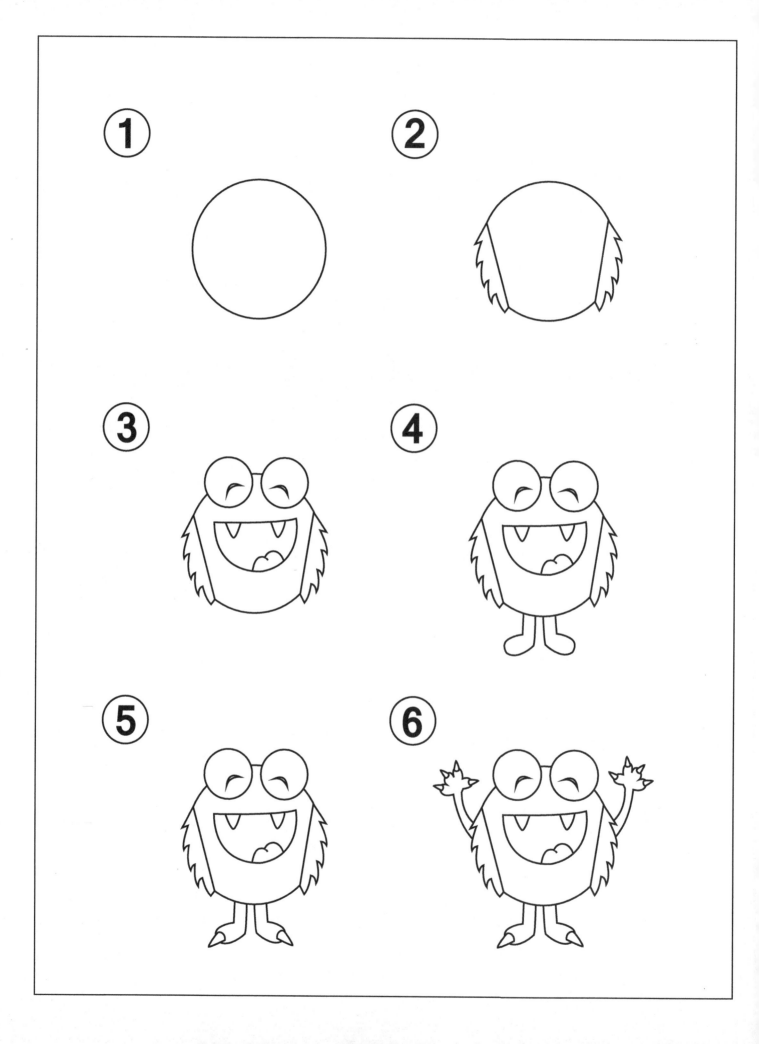

Now, it's your turn

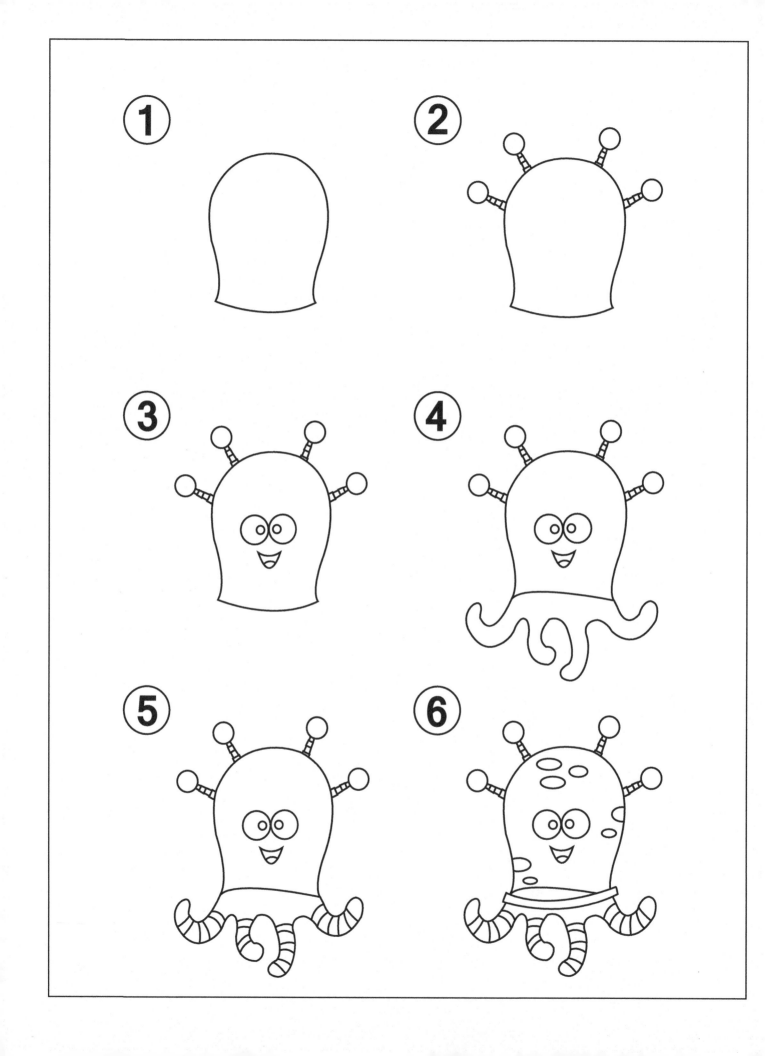

Now, it's your turn

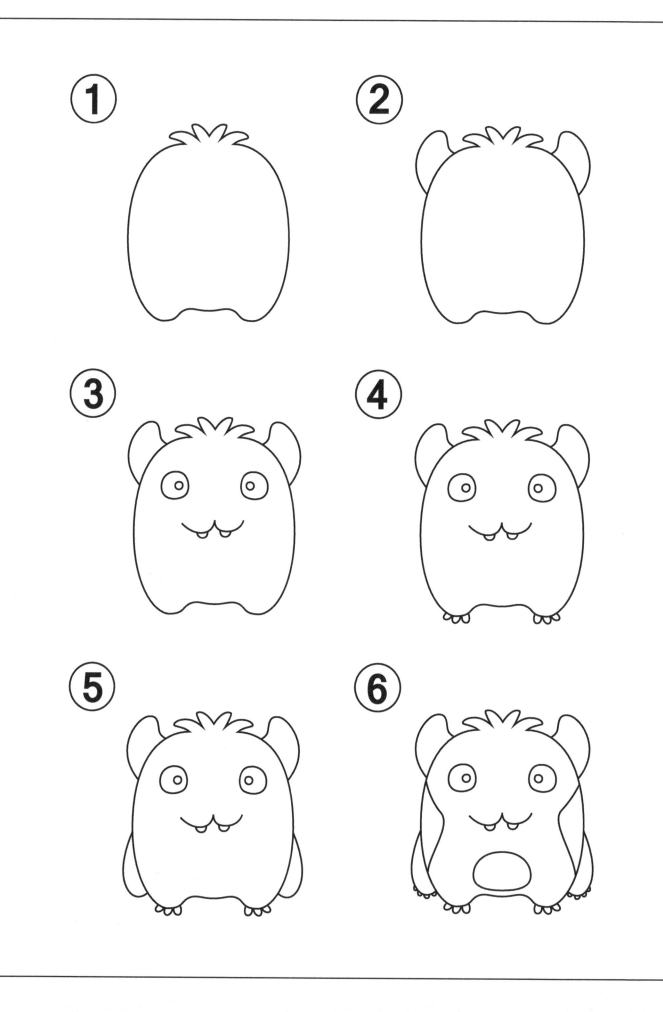

Now, it's your turn

Now, it's your turn

Now, it's your turn

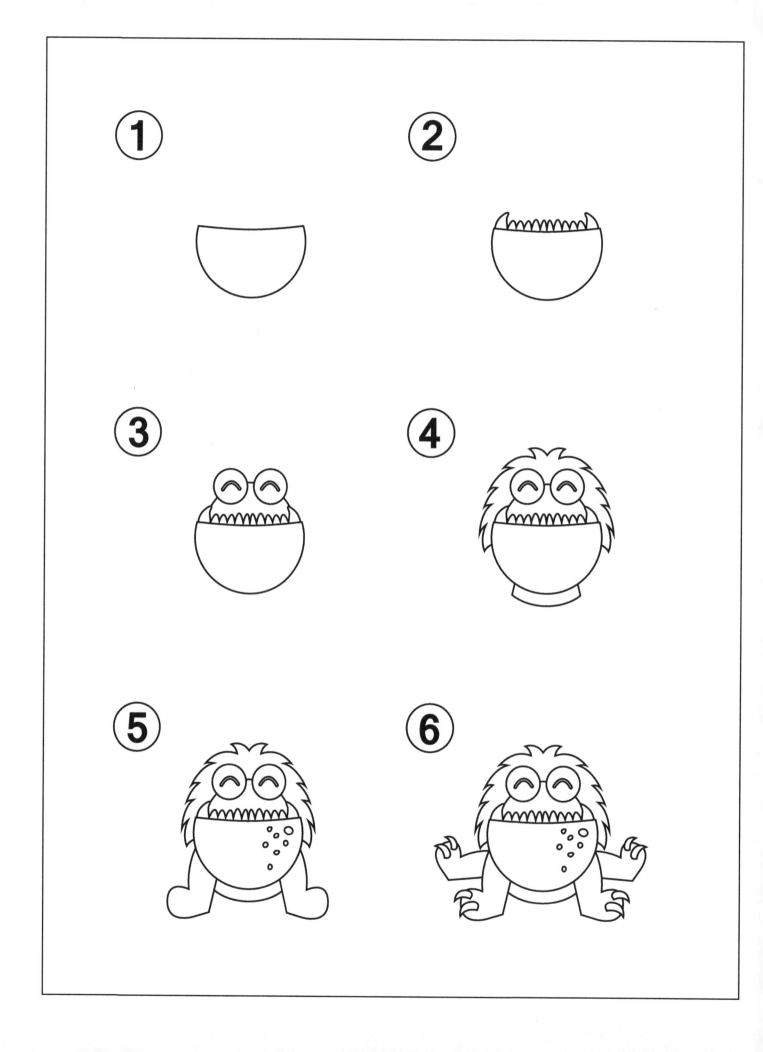

Now, it's your turn

Now, it's your turn

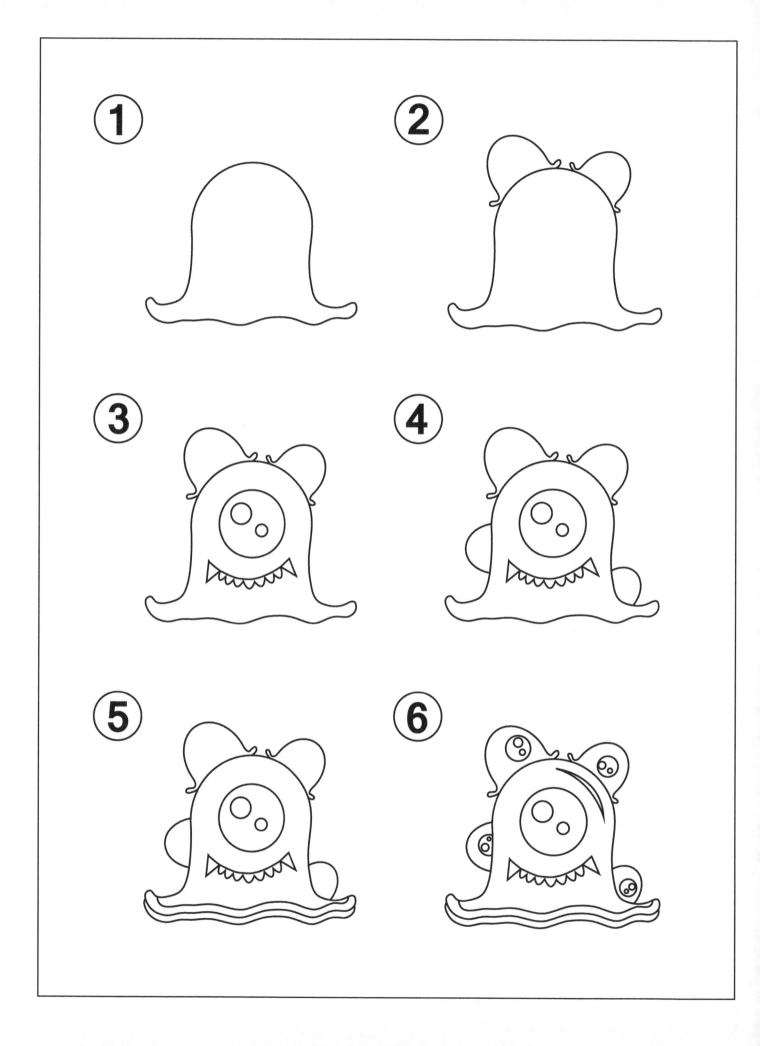

Now, it's your turn

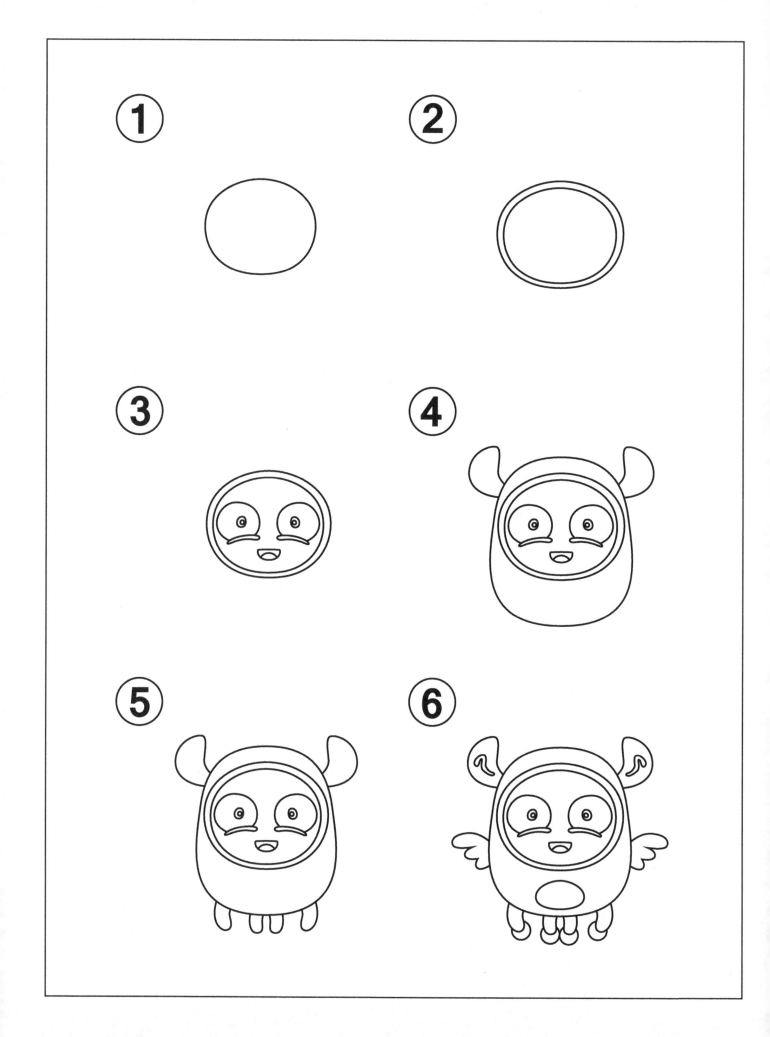

Now, it's your turn

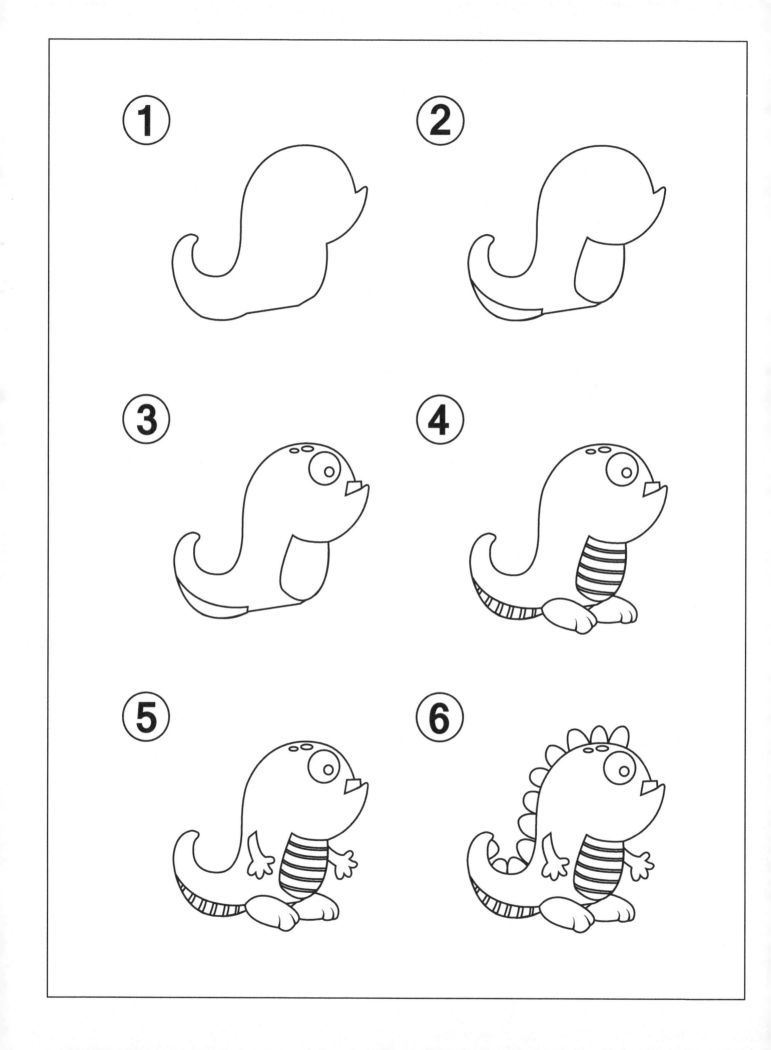

Now, it's your turn

Now, it's your turn

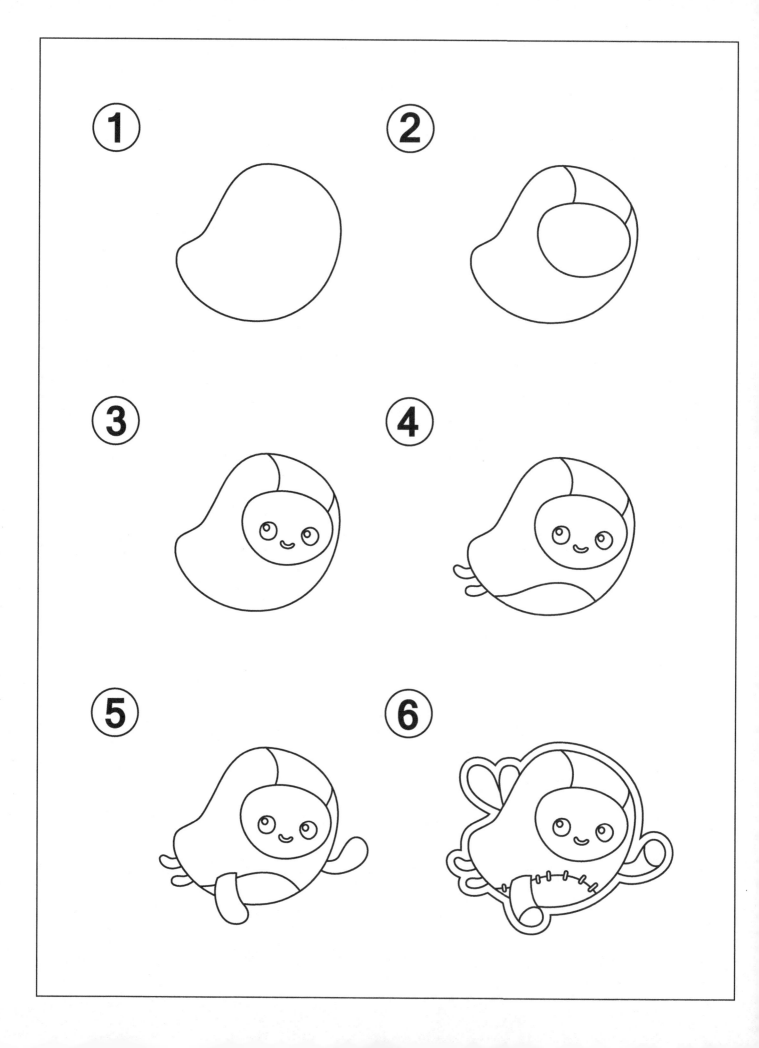

Now, it's your turn

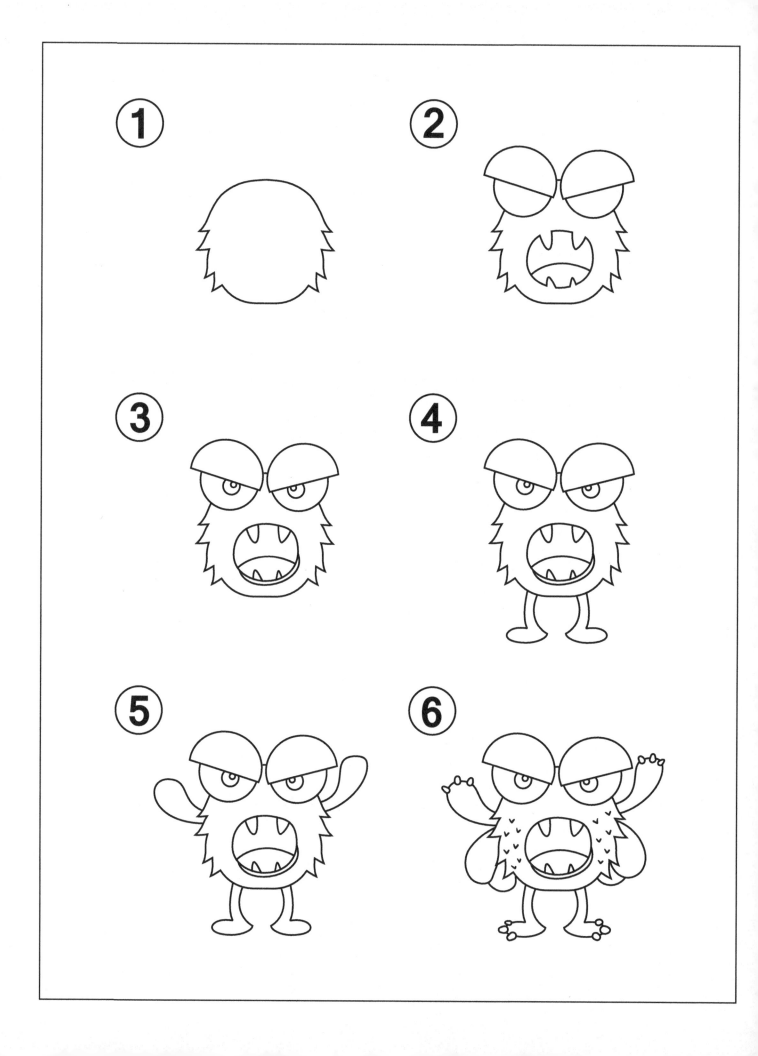

Now, it's your turn

Now, it's your turn

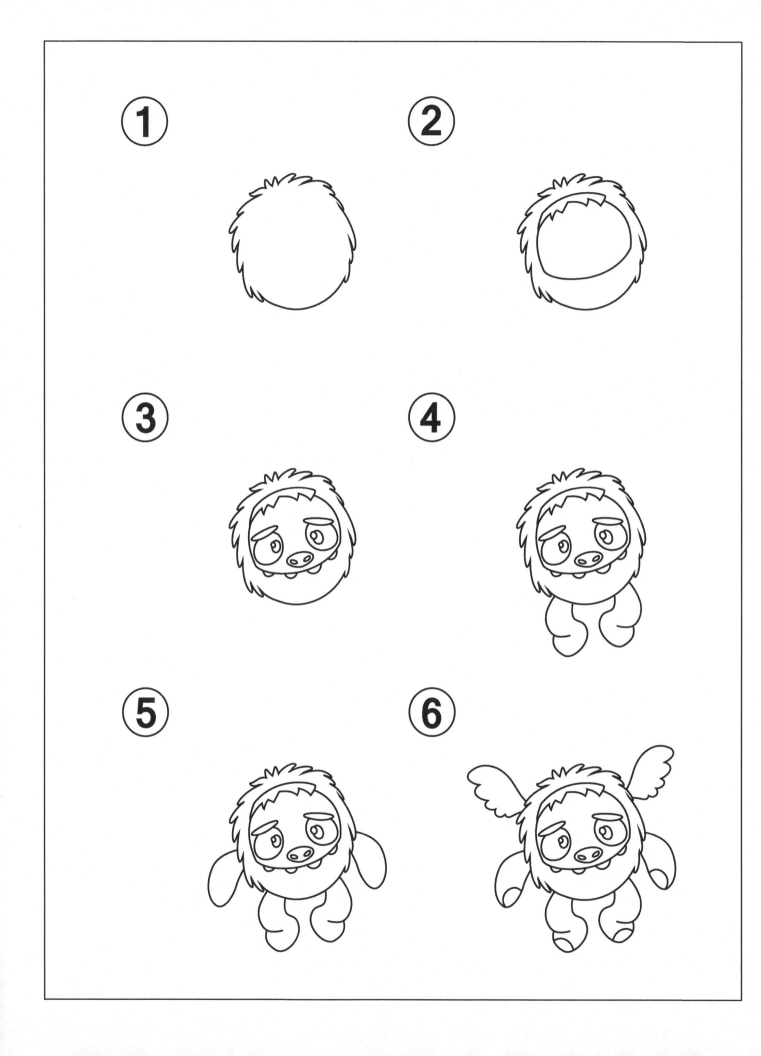

Now, it's your turn

Now, it's your turn

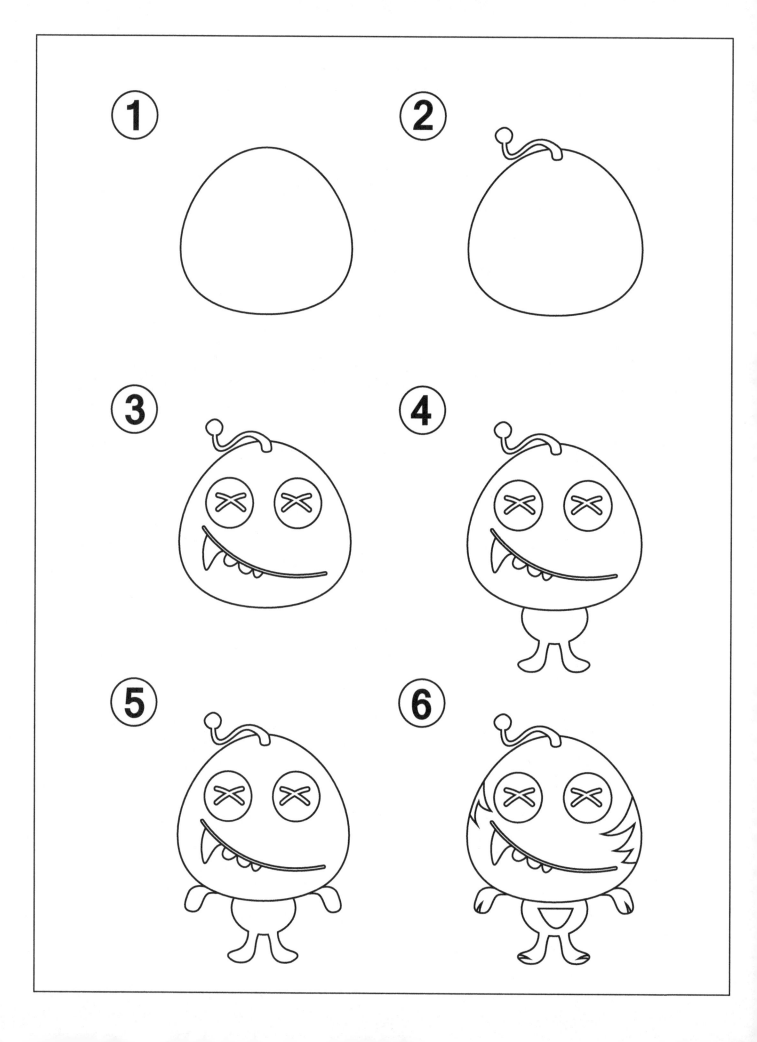

Now, it's your turn

Now, it's your turn

Now, it's your turn

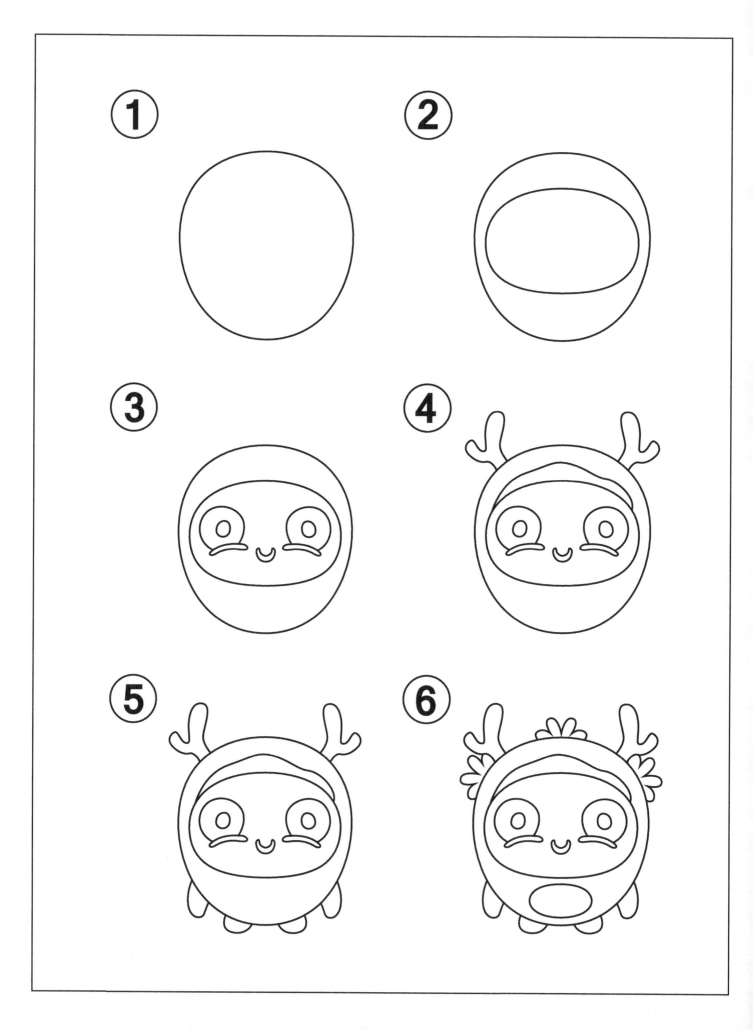

Now, it's your turn

Now, it's your turn

Now, it's your turn

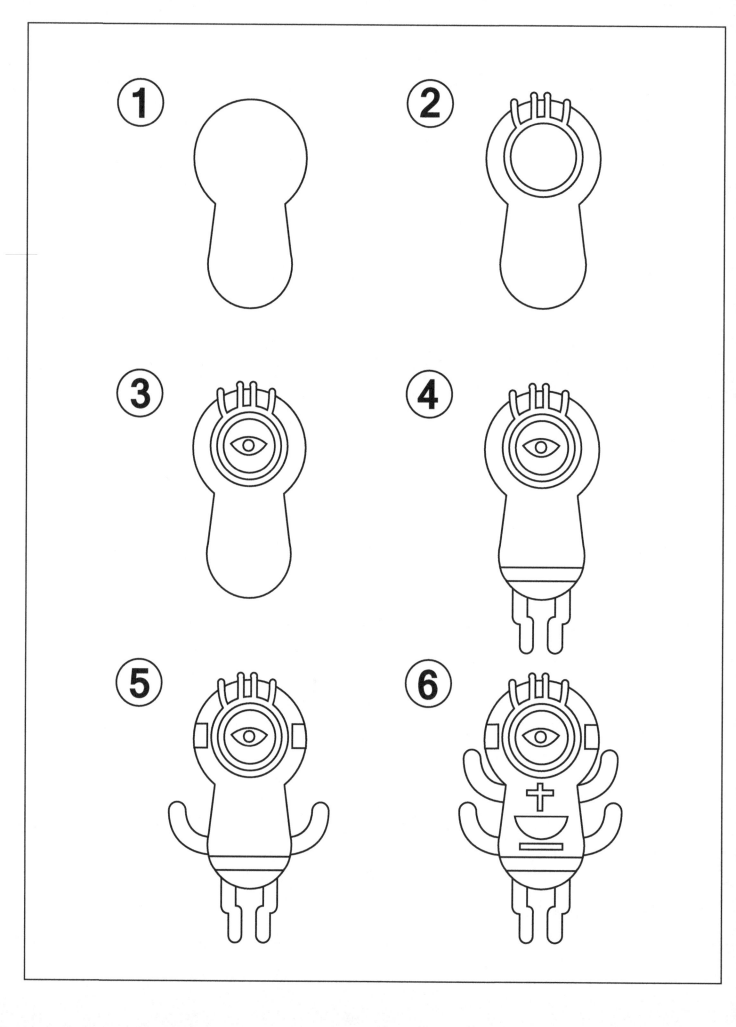

Now, it's your turn

Now, it's your turn

①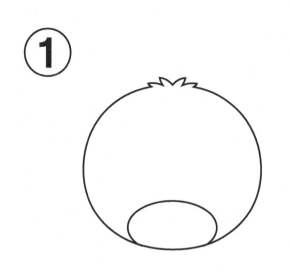

②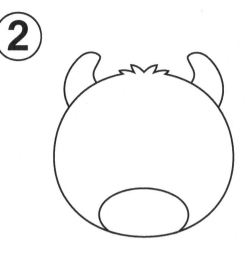

③

④

⑤

⑥

Now, it's your turn

Now, it's your turn

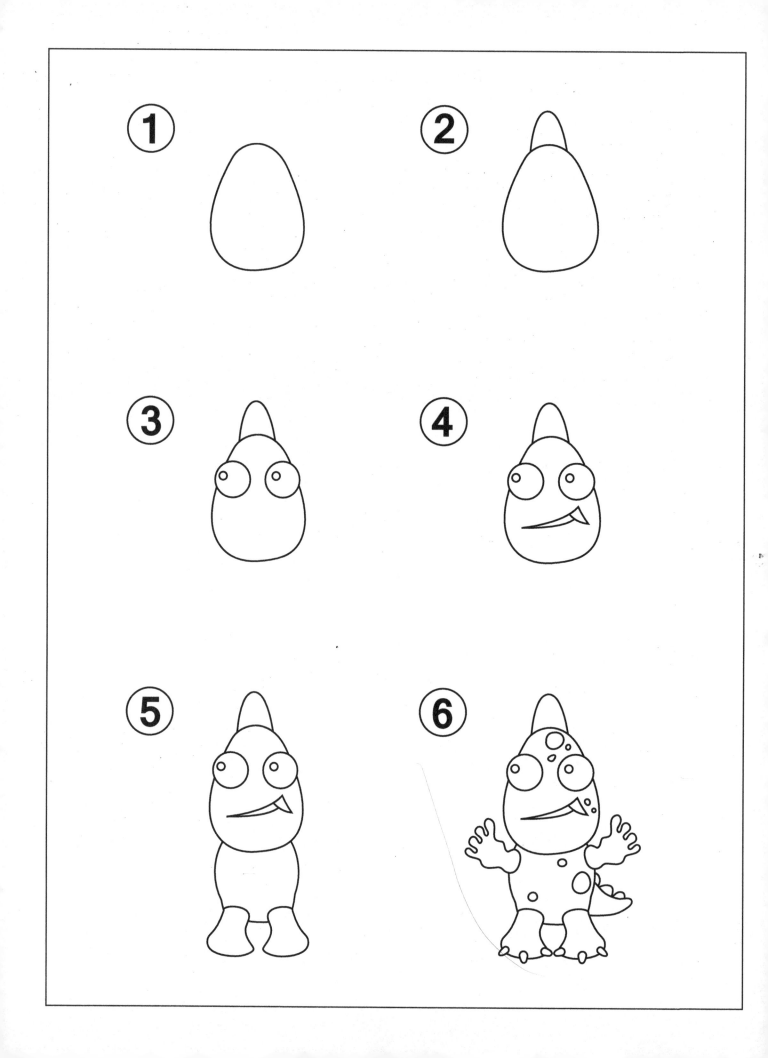

Now, it's your turn

Now, it's your turn

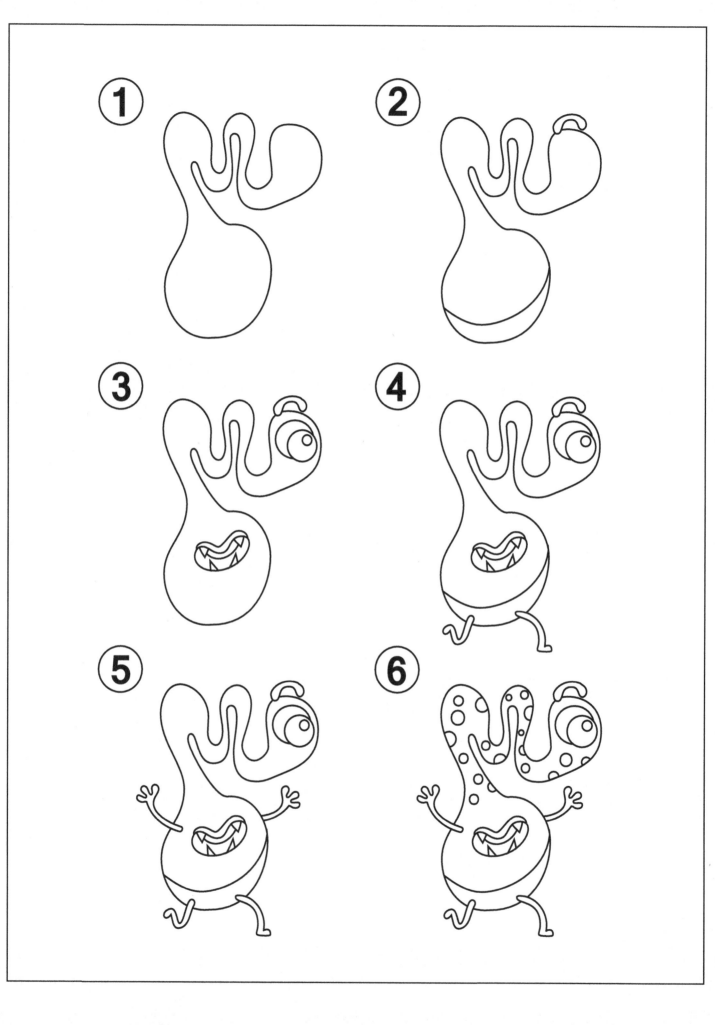

Now, it's your turn

Now, it's your turn

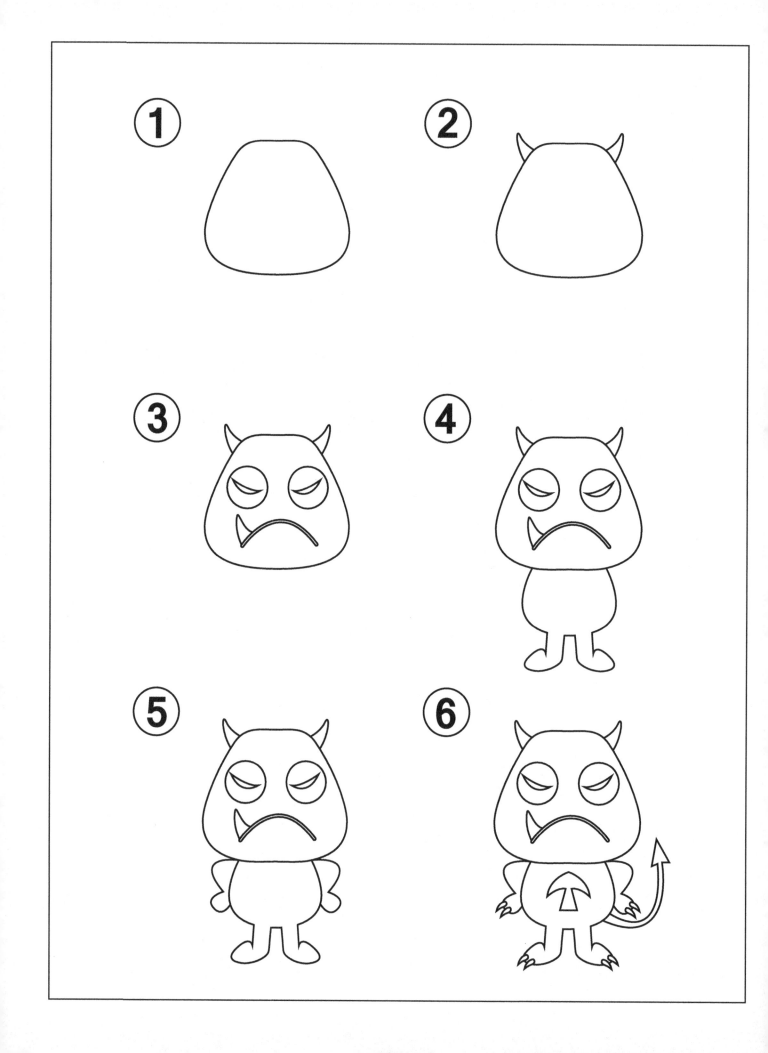

Now, it's your turn

Now, it's your turn

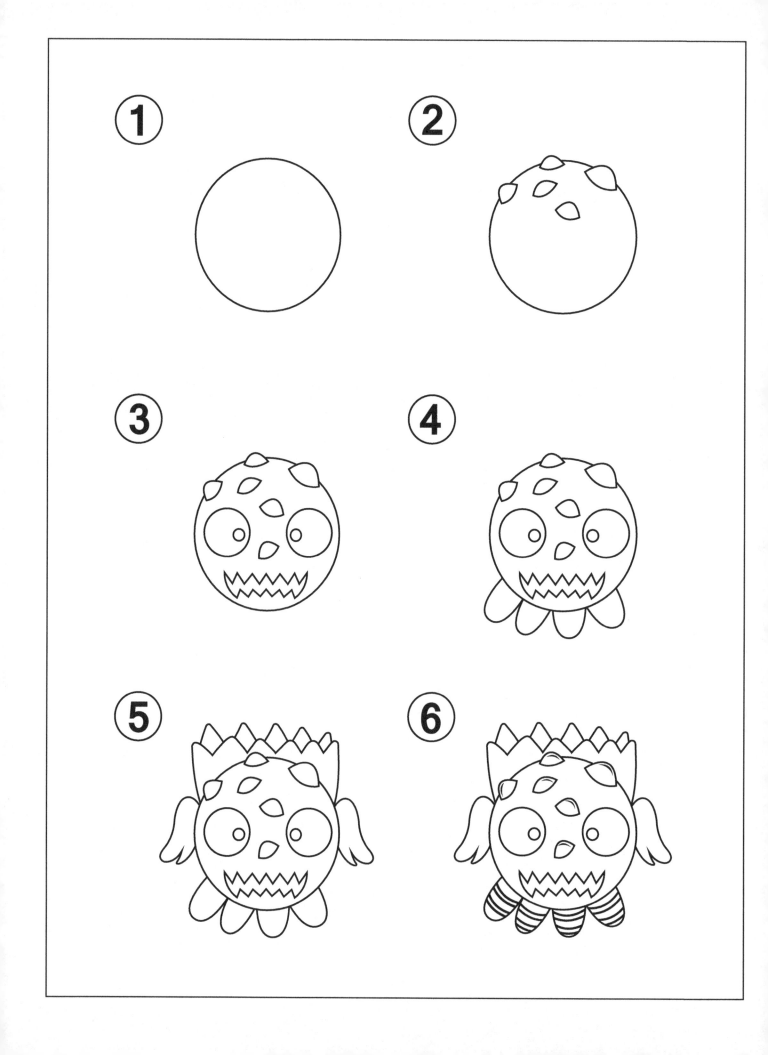

Now, it's your turn

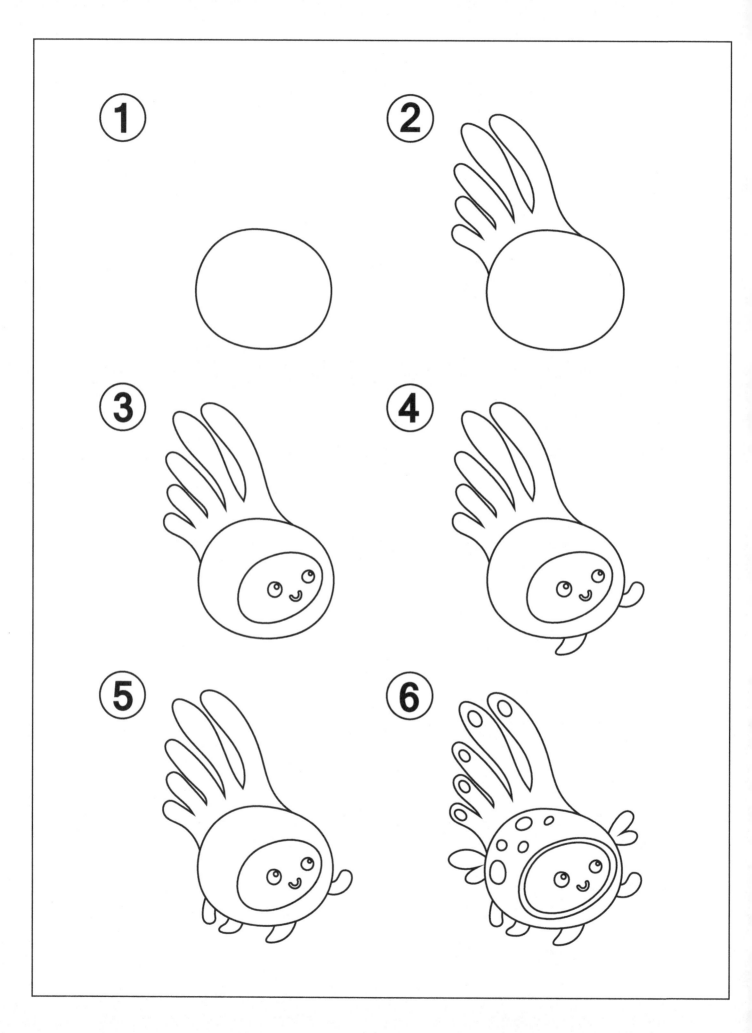

Now, it's your turn

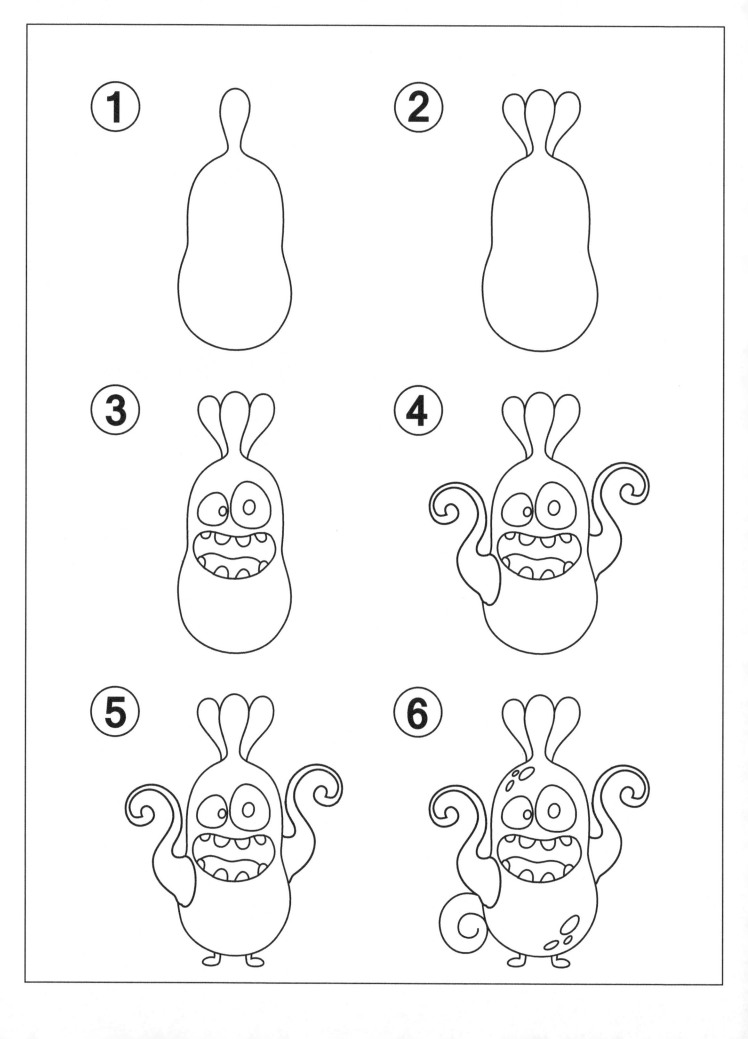

Now, it's your turn

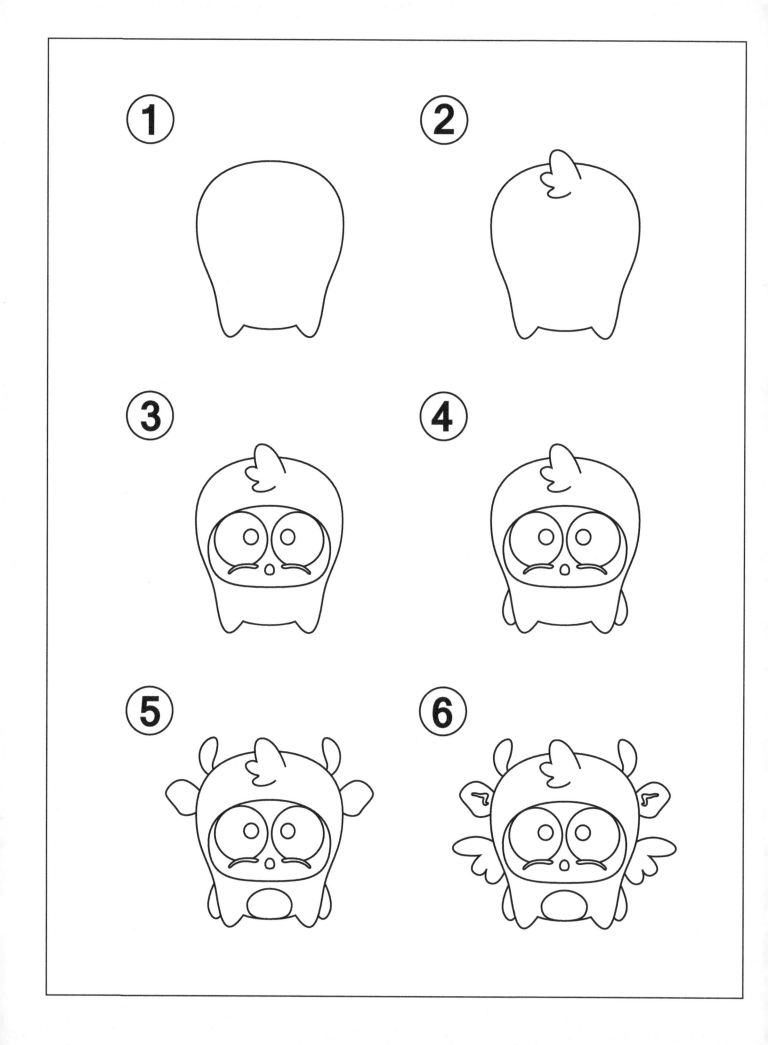

Now, it's your turn

Now, it's your turn

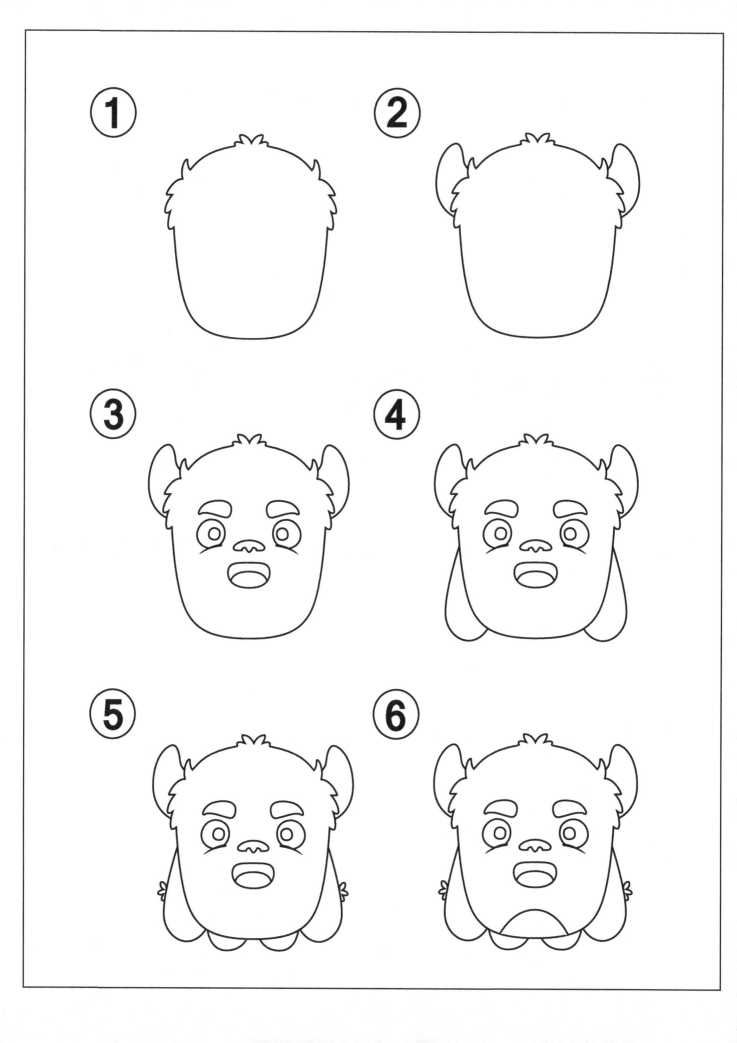

Now, it's your turn

Now, it's your turn

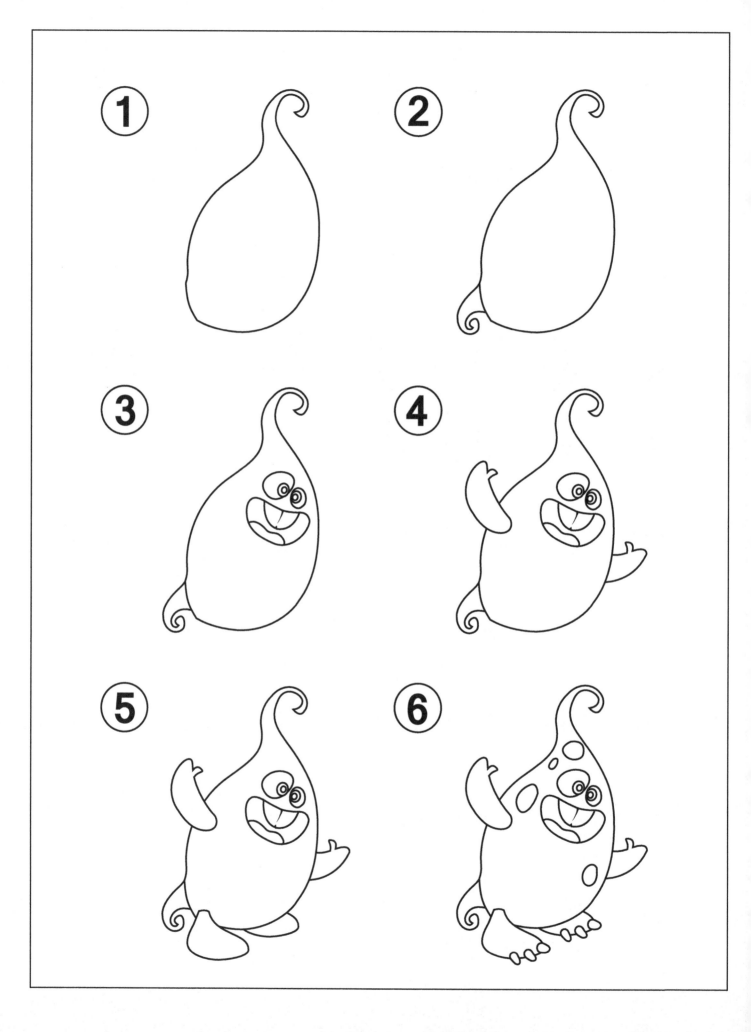

Now, it's your turn

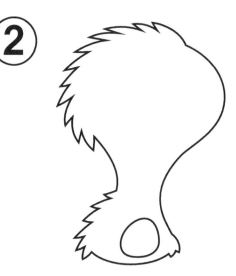

Now, it's your turn

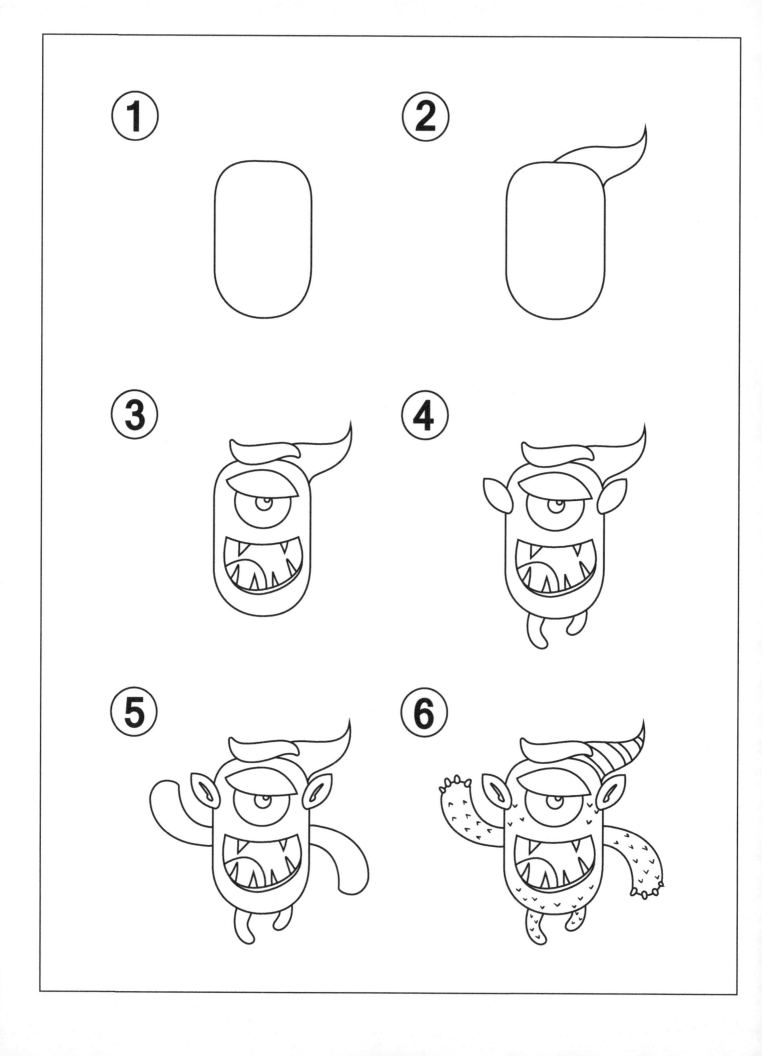

Now, it's your turn

Now, it's your turn

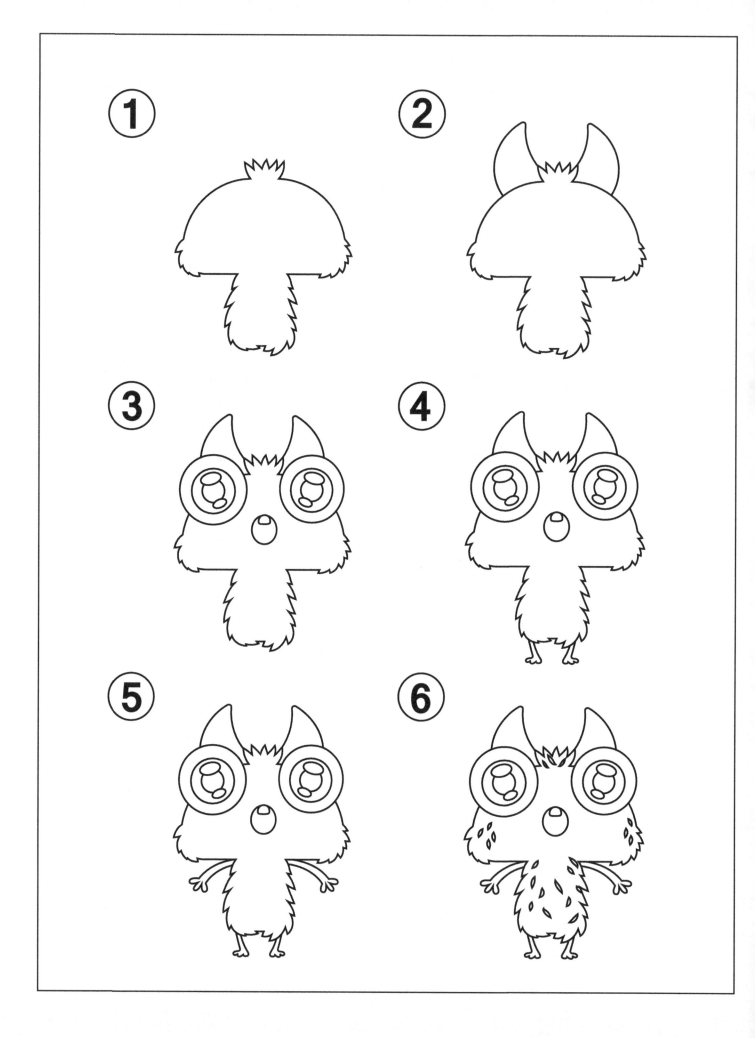

Now, it's your turn

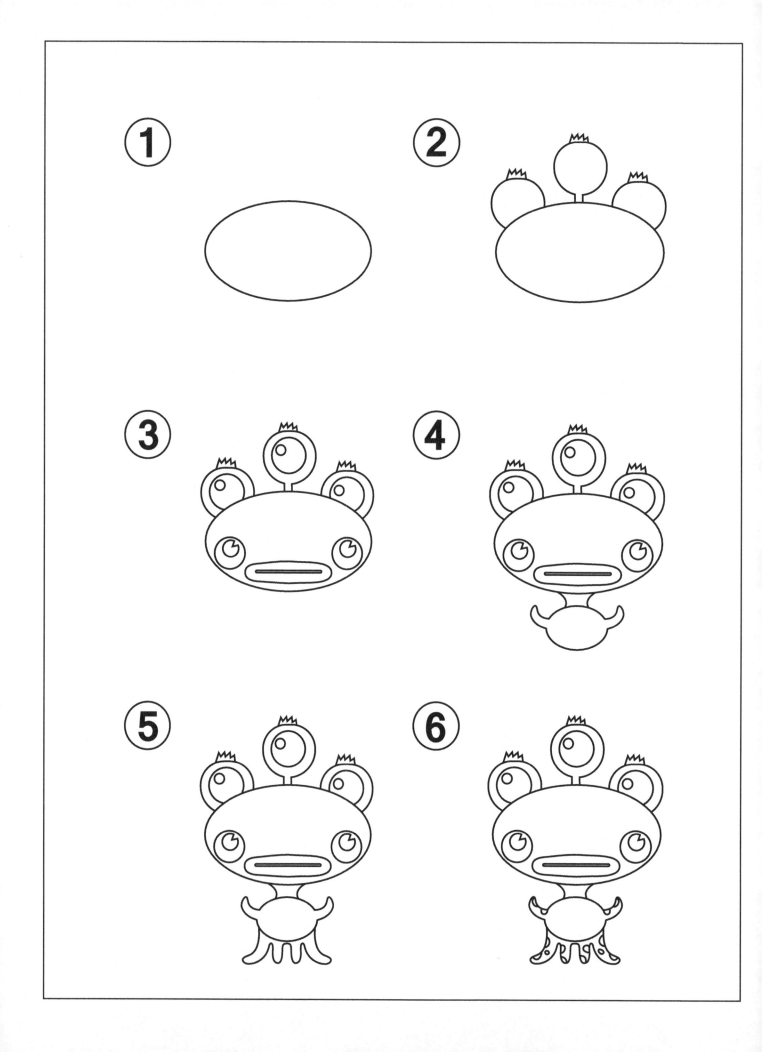

Now, it's your turn

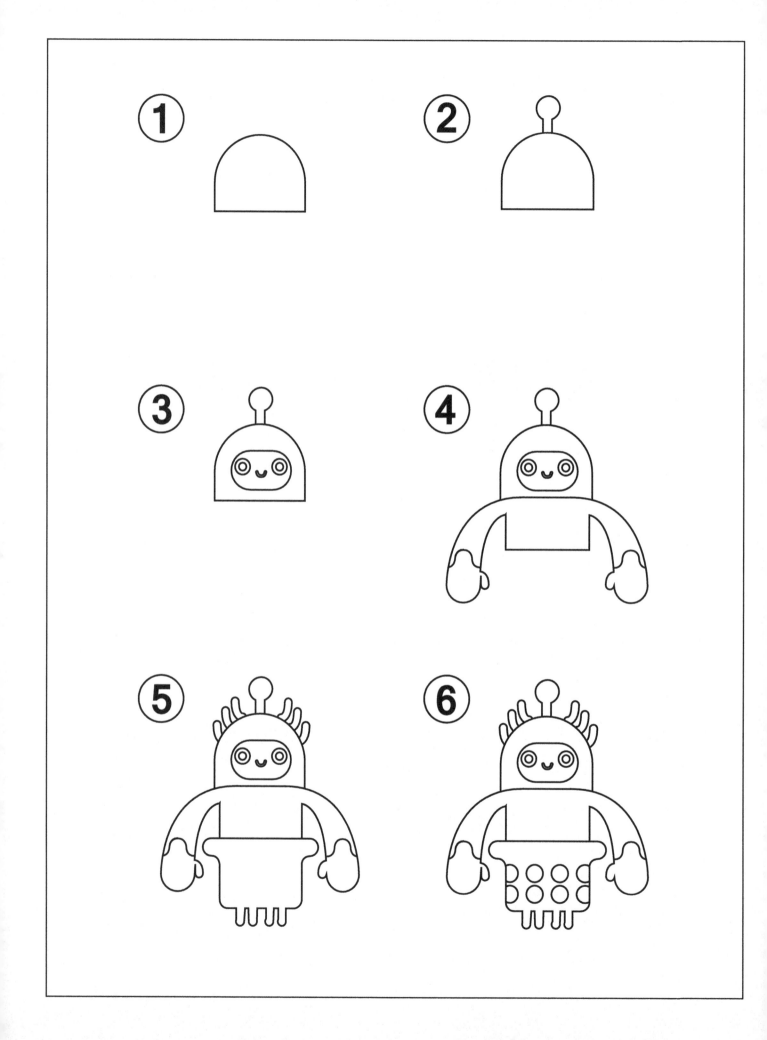

Now, it's your turn

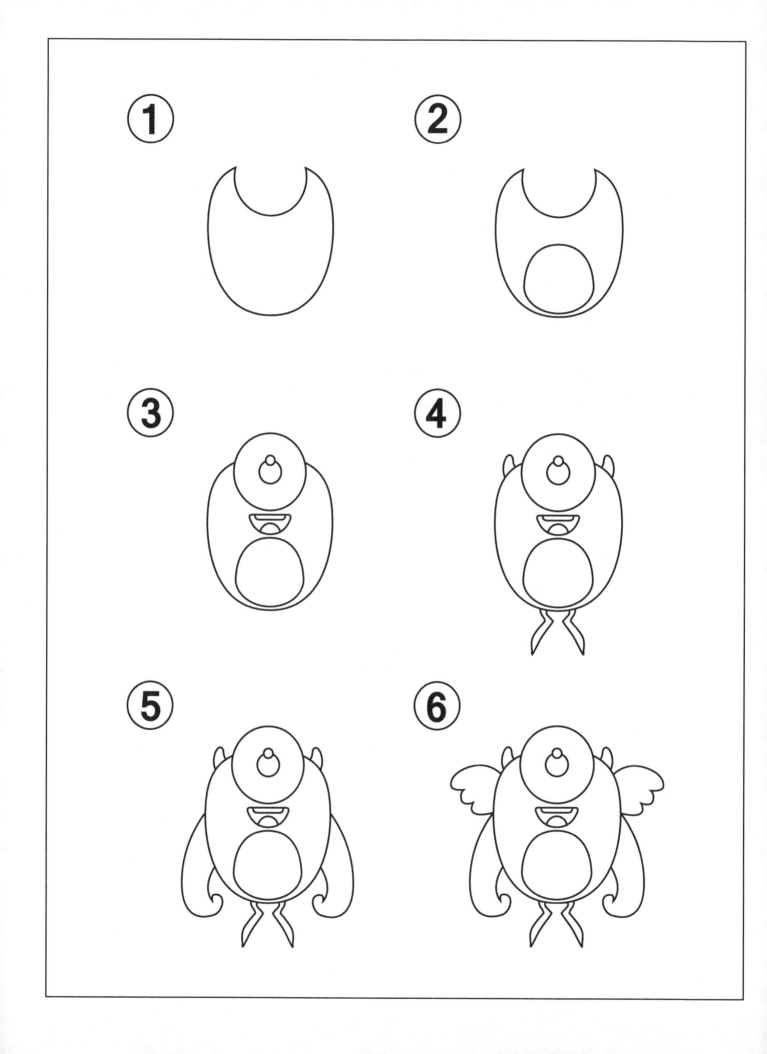

Now, it's your turn

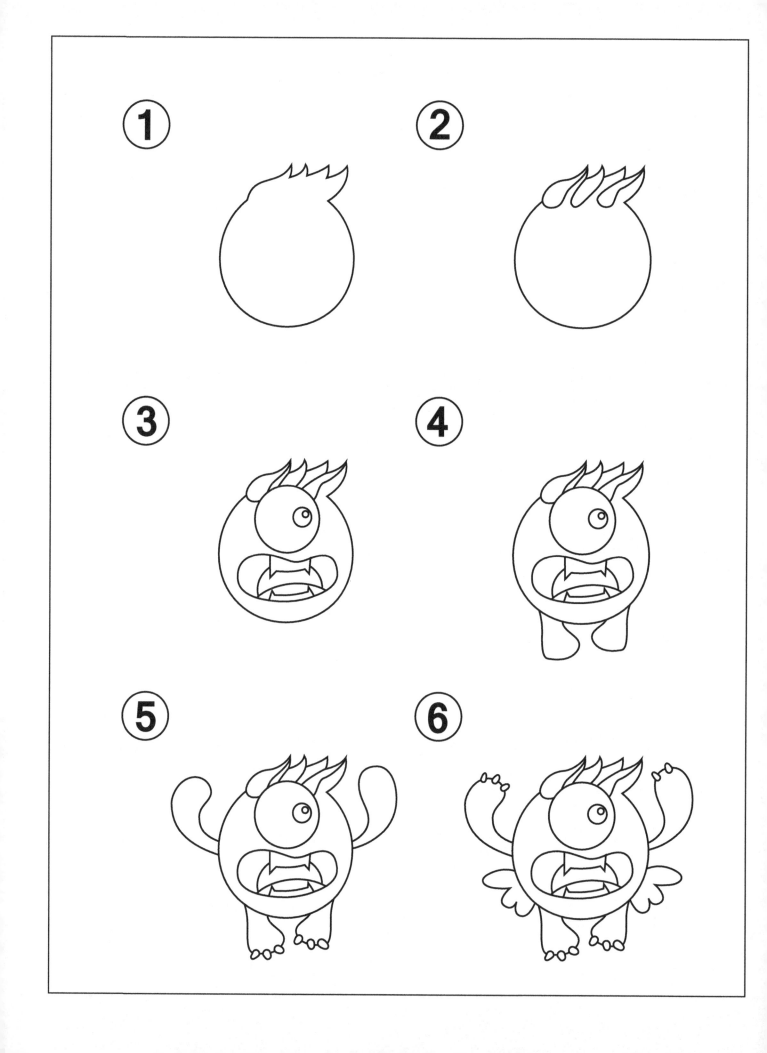

Now, it's your turn

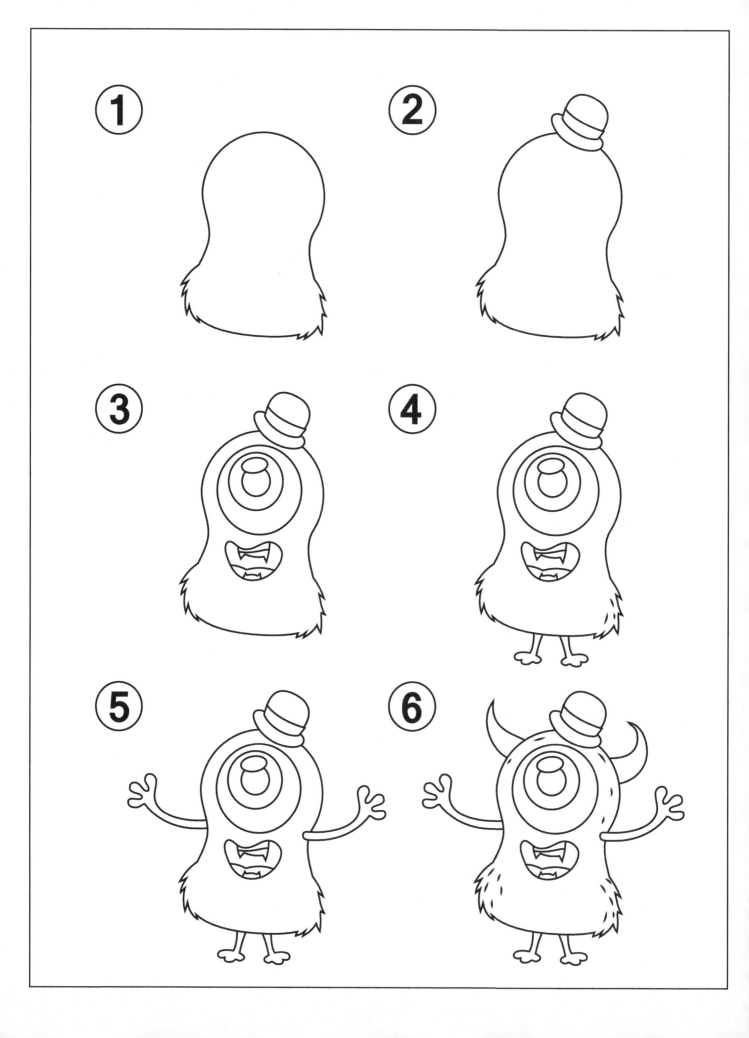

Now, it's your turn

Now, it's your turn

Now, it's your turn

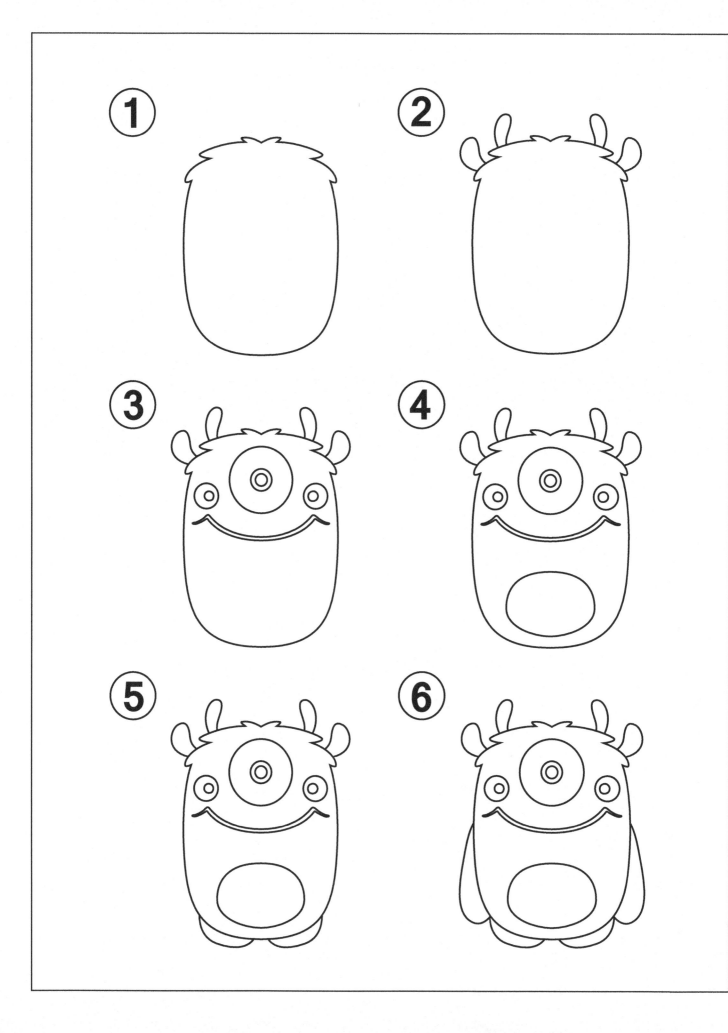

Now, it's your turn

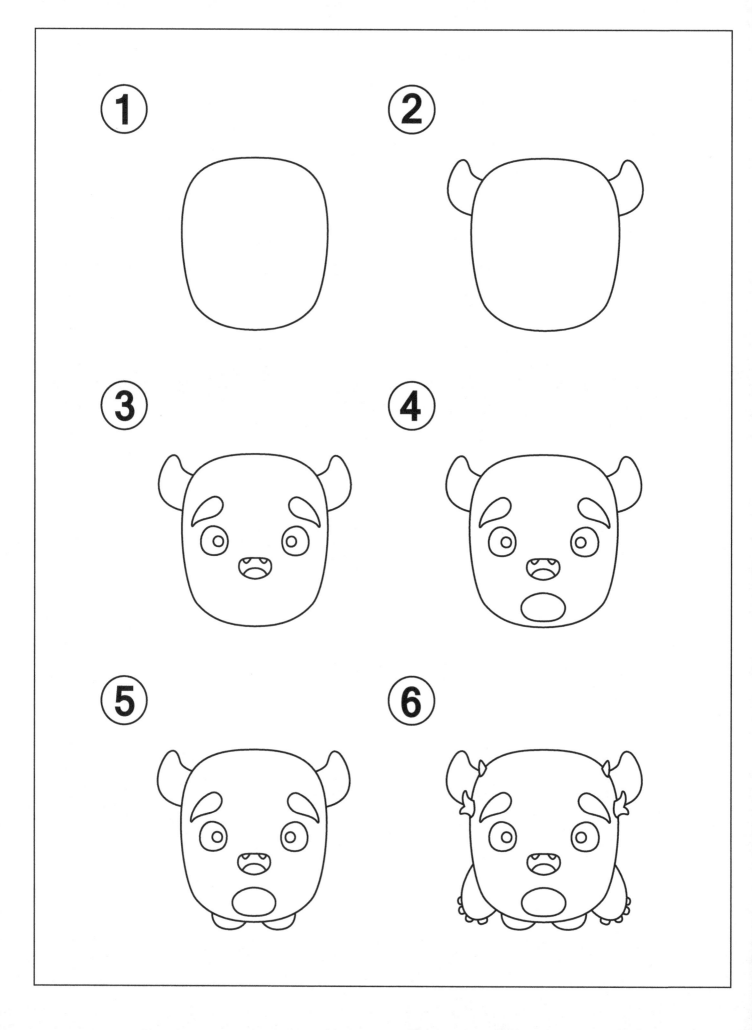

Now, it's your turn

Now, it's your turn

Now, it's your turn

Now, it's your turn

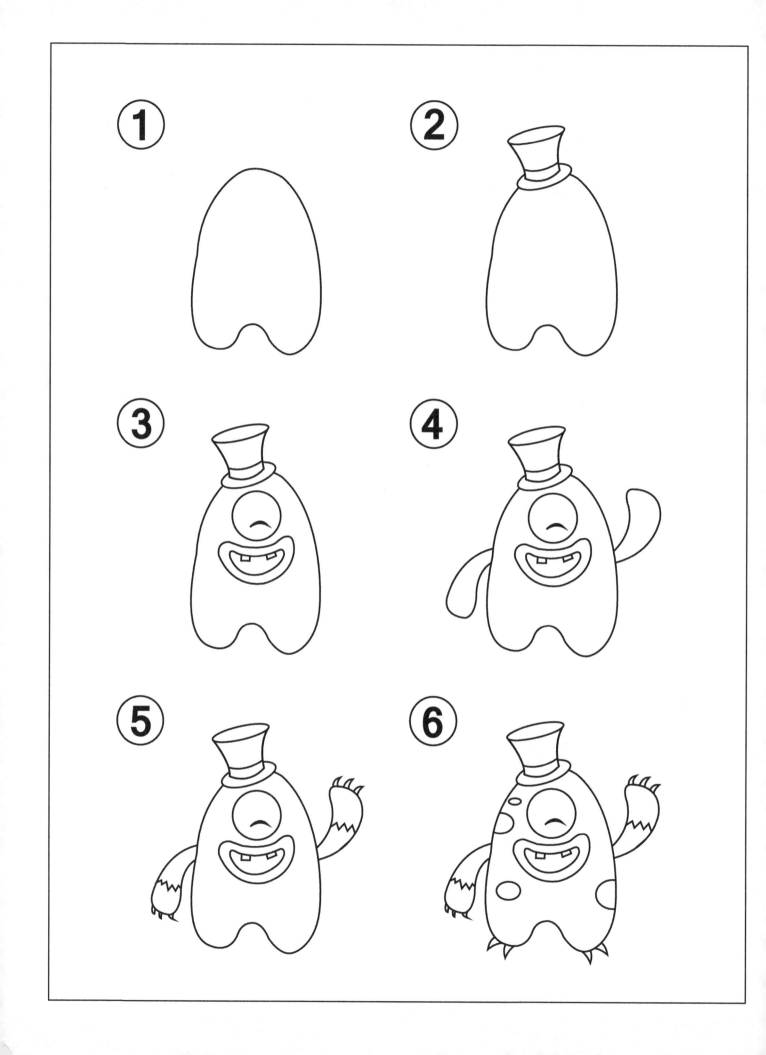

Now, it's your turn

Made in the USA
Middletown, DE
25 June 2023

33647245R00057